Ester Folgueral

Las colinas de agosto

Editorial Dilema
Madrid, 2025

Colección de poesía dirigida por Antonio Ortega

© Ester Folgueral
© Editorial Dilema, 2025
Ibáñez Marín, 11 - 28019 Madrid
Teléfonos: 91 472 90 71 y 670 36 74 79
info@editorialdilema.com
www.editorialdilema.com
ISBN: 978-84-9827-692-3
Depósito Legal: M-6459-2025

Diseño de colección: María Pérez-Aguilera
Diseño de portada: Esther Hernández

Maquetación: Esteban Gancedo

Siempre estoy regresando a casa...
Ursula K. Le Guin

Partir las nubes

Como el cielo antes de partir las nubes
durante miles de años no fui nada.
No estaba en ningún lugar.
No era.

Durante millones, el universo se ha ido expandiendo.
Crea y se destruye. Destruye.

No sé si es finito o infinito.
No sabemos cuánto dura el viaje.

Con las células de un día de otoño,
finitas y hambrientas, me formé.
Durante años he visto flores amadas
cada cumpleaños, flores que se quemaban luego al sol.

¿Imperfecta o exacta la matemática
que no entendemos aún?

Asisto al ritual de las estrellas
–siempre tuve preguntas
frente a esas arenas de luz–
y pienso que ya no soy la que fui,
y en un universo que mana,
nunca sabré lo que nadie sabe.
Y ya nada importa,
cada vez menos nada.

No soy quien fui;
murió de mí gran parte
Ugo Foscolo

La mano se engancha en la rama del árbol,
su extremo
detenido en la corteza. Un pájaro
canta en la caja de su pelvis.

Ahora escribe que vive en la gracia
agradecida cuando los termómetros ascienden
y parten las nubes.

Bajo el sol, no deja de esperar tiempo
mientras otros cruzan en aviones
dejando estelas.

Se está bien aquí abajo.
Siente sus huesos cantando himnos,
lejos de las autopistas del cielo,
lejos de aeropuertos masificados,
lejos de playas tristes.

Tú eres hierba.
Un río.

Estamos yendo.
Para que exista la lluvia y el canto del mundo,
apaga los motores y suspende los ojos
en las gotas contra el cristal.

La lentitud mana del aire,
solitaria y serena la lenta escucha.

La isla llama a otras islas.
Isla es tu casa
y este retrato de la mañana
tiene confusiones.

Son confusiones sociales y literarias.
Un mal poema ensucia el mundo. *

Estamos yendo.
Como el plástico ensucia el mundo
como un mal poema,
apaga la costumbre nada literaria de ensuciarlo todo.

* *Joan Margarit*

Estamos hechos de coral –decía la vocecita–,
cansados caracoles
calcificados en lo interno.
Y una y otra vez la misma herida en partes opuestas.

El hospital no era un lugar seguro.
Los árboles sin hojas en invierno,
frente al Pabellón 8 de la Universitaria.
La chica de quince se levanta sin equilibrio.

El pabellón grande y casi desnudo,
de mirada blanca: azulejos, batas y sábanas,
cosas que se parecían a otras
como si fuera Madrid o Ponferrada,
como si no fuera un lugar seguro.

Enumeraciones de las que estamos hechos.
Extrañamientos en una realidad adolescente.

Somos los sucesores de otros.
Todos estamos de paso y en la vida
nos cruzamos y seguimos
en los sueños de la noche.

¿Se cantará también
en los tiempos sombríos?
Sí, también entonces:
Sobre los tiempos sombríos.
                        Bertolt Brecht

Las sombras que son heridas
tienen alas.
¿Cómo perdonar la huella,
ya barrida por el viento,
que aplastó a la mariposa?
La oruga ve.

Los umbrales son posibilidad.
Puertas que dan al cielo o al infierno
son posibilidad.
¿Dejar a los animales de la calle hambrientos,
saltando asustados en charcos oscuros,
o dejarles entrar a un cuenco de leche?

No quieres morir a plena luz
ni morir en las sombras.
Quieres tocar la ternura vegetal con los labios
y sentir el roce en la punta de los dedos
con la mano abierta, con las alas
posarte en la penumbra.

Sé que mi viaje aún no se ha acabado
aunque a veces creo que sí.

¿Dónde vais caminantes?
Los pinceles ya no pintan vuestras sombras
por los caminos del óleo y de la tierra.
Eso escribí en mi primera adolescencia
en un cuaderno ya amarillo.

El viaje parece acabarse
cuando todo se encoge
como si entraras
en un valle cerrado y estrecho
donde ningún pájaro vive
y las nubes no se parten
en ningún cielo azul.

Como en noviembre
cuando este país
desaparece.

Escribe Eliot
la oración es más que un orden de palabras.

A veces el hallazgo
de un lenguaje entendible
de los que escucharon desde igual conciencia
a los hombres,
a los que escribieron,
a los que escribieron y rezaron sin palabras,
tan cercanos,
nos recuerda el instante
como un *Nunca*
y siempre.

Ceniza en la manga de un viejo
es lo que dejan al arder las rosas.
                                              T. S. Eliot

Así de lejos,
así se van las nubes cuando no estamos.

Ha llegado el otoño al parque joven y nadie,
si no estamos,
nombrará las hojas de cada pequeño árbol.

Así de lejos se van las manos que huyen
en la tormenta y bailan con los truenos.

Sembrad esporas, sembrad de nuevo
en cada lluvia. Porque así de lejos,
así se van las nubes cuando no estamos.

El granizo golpea contra los cristales
Huyen los ciervos

Hemos perdido almendras y manzanas
Lloran las uvas
tras la tormenta

Nos preparamos para el otoño,
manos
nunca están quietas

Pocas palabras pocas,
zumo,
zumo de arándanos oscuros

Naranja en zumo y medio limón,
días de orden y compás.
Él educa la vejez.

Acostumbra la lengua a tener razón.
Sabe montar y desmontar mecanismos.

Un cable da luz. Una hoja
ensaya vida en los pulmones.
Rompe
las cosas, que vuelven a ser útiles,
                         pero no sabe
cómo hacerte funcionar
              –objeto raro no identificado–.

La lengua que no tiene razón es la tuya
–dice–.
Sonríes... ¿para qué pelear con el tiempo
que desconoces?

Dos naranjas,
zumo de medio limón,
tres dátiles al día por la mañana
y ocho nueces:
Atarse a la vida.
Así.

Cada uno se ata a la vida
de forma distinta.

Sucedió. Y ya no existe otra cáscara de nuez. Sorpresa.
Fue todo, todo lo que pensaste que iba a suceder
no ha sucedido.

Vuelan pájaros hacia donde nunca estuvimos,
pájaros que no saben dónde estás ni dónde estoy ni dónde
ya nunca sucederá.

Siguen cantando invisibles en las ramas altas,
cerca de los charcos y de las corrientes
donde el berro se ondula y tantos ojos
saltan asustados.
*Si pudiera escribirte
acerca de este vacío...* *

* Louise Glück

La inteligencia nunca es la respuesta.

El animal sabe
lo que hay que hacer.
Instinto para todo.

Nuestra inteligencia es error-acierto,
y vuelta a empezar.

El poeta no aprende ni sabe.
Solo interroga más a menudo.
Y, a menudo, sin respuesta.

Su mente ramificada, amplia y profunda,
se extiende más allá
de nuestras confusiones.

Comparte las confusiones de la inteligencia.
Wallace Stevens

Miro su enfermedad, no hay cura,
aún no.

Abultamientos bajo las hojas.
Los abro,
desde ahí atacan, ahí se crían.
Los abro y amo
este viejo castaño herido.

Los pretextos sirven
para quien no ama.
Escudo protector,
defensa.

No aceptarlos. Abrazar lo que hay,
al que enferma.

¿Y si esos árboles son infelices?
Zbigniew Herbert

Nacen robles al borde del viejo camino.

Dice el ojo
que va al pensamiento y dicta un instante de paz.
Campos accesibles desde el corazón.

No engañes.
Mundo confuso rodeado de miedos.

Nunca el silencio dio tantos gritos,
apática burocracia y redondez de un virus.

Cada mañana,
busca al borde de los viejos caminos
una metáfora de la alegría,
hojas que tocan,
árboles que aman,
la coherencia cuántica que sana los huesos
aún con la inteligencia en daño.

Hacemos demasiada historia.
Con o sin nosotros
habrá silencio y rocas
y, a lo lejos, resplandor.
                    Ursula K. Le Guin

Parece que aún hay pájaros que disparan una luz, recuerdo del vuelo. Todo tiempo pasado como una nuez se enrosca sobre sí mismo y creemos que en cualquier vuelta habrá algo mejor que la imagen de la abuela sonriendo al retirar con ternura el pelo de nuestra cara.

Todas las mañanas, a pájaros. Hojas de negrillos en las circunvalaciones de la vida aún no han borrado los senderos del bosque.

Mientras haya pájaros.

Hablar del mundo es hacerlo desaparecer.

Cuaja el instante en el rojo del geranio.
Y el olor del mar en la almeja de la arena.
Todo sucede aunque cierres los ojos.
Todo desaparece.
Y todo está.

Pelas un poco de corteza de un árbol y te la comes
Inger Christensen

Pelas un poco de corteza de un árbol y te la comes
en la sombría noche como doscientos años
sin amar.
Para digerirla,
tragas las píldoras y avanzas por la tierra. Hay
muchos líquenes al final del invierno
tan suaves como tu alma todavía.

¿A qué viniste?
Todas las lecciones sin aprender.

La cosecha guarda en su funda invisible
vocales que enmudecen,
la cuesta, entre sarmientos, donde las uvas
quedan sin recoger.

Afán de los hombres que revuelven la tierra,
y de nuevo esos campos arados y la memoria
de una fecha en la que perdiste
lo que más te urgía.

Subes
al refugio de la montaña.
La subida lenta estirando una fuerza casi perdida.
El horizonte limpio.
El baño del sol.
Estás cerca de la nieve y pareces real.

De nuevo el calendario acaba
y todas las reflexiones se perdieron
en calles sin gente y sin horarios,
sin pasos de baile y sin amar.

Cruzas de nuevo el año. Habrá
otras cortezas de árbol en tu boca.
Y más oscuras noches.
Y grandes primaveras ya lejanas.
¿Por qué amar lo que vas a perder? *

* Louise Glück

Entonces piensas en ancestros
–la palabra ancestros es antigua, incluye
a todos–
porque la otra, la que tiene un año más,
arrastra también esa genética de surcos
mal trazados, esos huesos de quién.

La larga edad se demora mirando el agua.
Hay que subirla al campo, de nuevo
llevarla,
pero en la última, casi pisas una serpiente.

Los árboles y su sed. Ellos
no saben de esa genética que te rompe los huesos.

No está bien dejar el cuadro a medias
–te dices–
Y llevas ocho litros en una garrafa
que sujetas fuerte con los brazos.

Cargas la vida.
Evitas la serpiente.
Puedes ir más allá,
                    un poco más allá,
hasta el olivo en llamas.

Cuando no puedas dar un paso más
dar ese paso
            y encarar lo imposible.
            Jorge Riechmann

Quizás una latita o el caldero
para recoger caracoles
los días de lluvia.

Tortilla de moluscos,
antes redondos y mojados,
en la boca.

No recuerdo el sabor
de los caracoles comestibles,
tampoco
qué flores de primavera hacían mi boca joven,
sin maridos.

Las colinas de agosto

Te acostabas sobre la hierba. Veías pasar las grandes aves haciendo círculos en el cielo.

Toda pregunta desaparecía.

Luego subías a las colinas de agosto, líneas verdes de vides, y bajabas dentro de un río. El río eras tú, las orillas tenían hambre de tus pies, ranas en el agua y una bomba desechable para extraer de tus pozos toda la sed y el hambre. El hambre.

Como un maestro de agua y un maestro de viento que caminaba sobre el olor dulce de la tierra roja. Y ya solo por eso merecía la pena vivir, por ver pasar las estaciones calladamente, como grandes aves haciendo círculos en el cielo.

Los niños que recogen nuestros huesos
jamás sabrán que estos eran antes veloces
como zorros en el monte.
Wallace Stevens

Entonces,
¿todo comienza con el niño
que siente el impulso de besar y tiembla
ante la niña?
Nada sabe,
es fuerza poderosa y calla.

Amamos como algo previo a la comprensión.
Sam Keen

El amor es la energía de la unión.
Sam Keen

Son las fotografías de un niño,
un adolescente, un joven, un adulto con corbata,
un padre, un hombre en las montañas que aún busca,
un hombre jubilado
que regresa de la escuela.

Esas pertenencias me has dado.
Son un mapa de vida,
una atracción celular,
la llamada que escucho,
son tus cinco sentidos,
Niño.

*Restaura los recuerdos de tu juventud y hallarás frag-
mentos de un viejo mapa que te guiará a un tesoro es-
condido en tu futuro.*

Sam Keen

Hay una agenda
para el amanecer frío de enero,
y nadie sabe qué va a ocurrir.
Yo propongo, él dispone.

El dolor te hace fuerte.
La traición, inteligente.
La envidia, sabio.

No sé, Enric.

Por el camino de en medio,
dices.
¿Dormiste bien, ves
por dónde va para seguirlo?
La curva tras el roble, ¿la seguirás?
¿Ves el milano
que vuela hacia el oeste?

Veo muchos caminos,
¿qué veis?
Cada paso una elección, una consecuencia.

Cerca de las cosas –recuerda Rilke–.
¿Y dónde están aquí las cosas, lo concreto?

¿Tras los interrogantes?
¿En lo que ve
la mirada inocente que solo contempla sin pensar?
¿En la acción presente?

Este ramo de noches en la casa...
Besos de umbral
como todos los besos que no viven en ella.

Tan hermoso el viaje, lejos de la frontera.
¿Qué amanecer, qué ocaso me perdí?

Todos los besos se quedan en la puerta,
a un lado y otro del umbral,
no viven en ella.

Estaría bien elegir un día para volar
como un milano. Y no tener
dos piernas. Y no sentir
aún el aliento de la vida dentro de mí
y tan poca leña para este invierno.

Y no sé lo que haría sin la gloria del tacto,
sin la efímera gloria del tacto,
puñalada de luz en el desastre.
                    M.ª Ángeles Pérez López

El invierno de los milanos
quisiste construir un amor suave
que resbaló y cayó recién nacido.

Hay ovejas balando por el campo.
Y un abejorro zumba por tu izquierda
en las primeras flores de febrero.

A ratos frío, a ratos calor.
Todo se ha vuelto extremo
mientras la vida se complica.

Las enfermedades nos acompañan.
Pisamos piedras
con cuidados nuevos y asustados.

Quieres mirar al cielo,
donde aún vuelan los milanos.
Temes caer como se cayó
ese amor recién nacido.

Para venir a lo que no sabes
has de ir por donde no sabes.
San Juan de la Cruz

¿Y si borro la distancia entre tu cuerpo y el mío?
Amar, *a fin de cuentas*, es borrar y leer,
leerte,
y escribirte pizarra el alfabeto
desde una silla lenta que viaja
a un palmo de tu boca,
dentro de tu boca.
Agua de invierno para beber despacio,
cada nueve de diciembre,
en horas invisibles contra el viento
como la grulla que detiene su vuelo en el ocaso,
que detiene el ocaso con su vuelo.

*Amar, a fin de cuentas, es regalar nuestras
preferencias a los que preferimos.*
Daniel Pennac

Amiga, te lo digo de nuevo,
no vale que entregues lo que no se valora
a una caída, un traspié infantil
que escuece en la rodilla,
la metáfora que siempre buscas cuando no encuentras
la palabra precisa.

Esta casa la hiciste con preguntas
cuyo valor no está en las respuestas.
No olvides
el eterno regreso hacia el no lugar.

Di, pregúntate qué manos recuerdas
qué intentos de abandonar la casa
de las preguntas.
Es una casa luminosa.
Quédate.
Es una casa de silencio,
una casa sin cuchillos.
La hubieras dejado por pertenecer.
Pertenecer es ser valorado.

No entregues lo que no se valora.
Una caída infantil,
como ser un pato en un estanque sin agua.

Una tarde, a finales de agosto, cuando las aves habían comenzado su migración, vi a una de ellas completamente sola. Había perdido a su bandada. Con todo, seguía su viaje en el cielo solitario. Llevaba la dirección en su interior. ¿Tendría yo alguna dirección en mi interior?

Theodor Kallifatides

Soy una casa en jardín pequeño,
donde los pájaros pequeños hacen
sus nidos de perfecta geometría.

Ante ellos, *Inteligencia, dame*
el nombre exacto de las cosas.
El don de las palabras,
es lo que soy, la memoria de las casas de agua.

Busca la palabra *asombro*
para nombrar lo desconocido.
No sirve.

Busca la palabra nido,
nidos en el jardín.

Ahí construyen su copa, sus cinco
esferas blancas tan pequeñas, sus cinco
vidas que amanecen con alas
que ya saben volar.

¿Cómo es posible?
¿Tú sabes cómo aprendieron a mover el aire?
Sí, es volar, conoces la palabra, pero ¿cómo?

Les espero del otro lado del cristal.
Soy una cara inmóvil, silenciosa,
                              espero
esas ramitas que forman el círculo tan exacto.
¿Cómo han medido, con qué instrumentos?
Siento reverencia ante la geometría de la vida.

En mí hay palabras que son instrumentos,
palabras.

También manos que tocan la piel y labios
que saben construir un beso profundo.

Sé mirar
con la luz que me entregan los pájaros.

Casi el paraíso
que estás en un jardín
casi el paraíso
aunque hubiera siembra de garbanzos
ningún abedul
y una mañana en nubes

Fácil colocar en el centro a un niño
y regalarle la felicidad con un puñado de semillas
¿Qué vas a hacer con esa agua?
Regar el jardín de las calabazas

regar el surco sediento del verano
regar las plantas que en tu mano son
casi el aire en hojas de alma verde

Casi el paraíso
que estás en un jardín
casi un huerto
y un jardín

Cuando el aire dibuja en el agua
y cuando mece la hierba
y tú no estás.

Y puedes mirar las nubes
sobre las montañas,
y dibujar mis labios y no estás.

Huye el amor asustado
que no es amor y tiembla
en las ramas verdes
de la recién nacida primavera.

El agua que mece el aire
que mece la hierba
la rama.

Los amantes
que van y vienen
y como todo lo que nace de la carne,
desaparecen.

Los pájaros y la realidad escapan de las personas
ansiosas.
Manuel Astur

Ahora,
me traslado con *google maps* a Siena.
Recorro calles, admiro
el duomo blanco, quisiera
estar allí. También recorro
la casa Secret Garden, sus habitaciones,
capturo
una imagen de su jardín. Quisiera
ese patio-jardín en el futuro, mi casa,
la glicinia que se extiende,
la parra vieja como la casa.

El pasado tenía
la palabra siena escrita en un tubo
de pintura al óleo.
Era útil
en los paisajes y casitas rurales,
aunque la madera de nuestras casas aquí
fuera de castaño y nogal.

El siena venía de Italia,
la palabra.
Había una ciudad llamada Siena
y no lo sabíamos.
No teníamos colores siena,
pero tampoco azul turquesa;
nunca vimos un cielo prusia.

Realmente estás
sólo donde estás respirando,
consciente.

Tiempos sin domar,
exceso de tiempo en la inconsciencia
de las pantallas,
sin recordar que lo invisible nutre nuestra vida.

Quizás, tras una larga siesta, respirar
profundo.
Sembrar en la quietud
la vida como instantes, no fotografías.

Os veo extraviados.
Y somos este presente,
también el pasado de los que vendrán.

Marchas de dentro,
de un sentimiento, una canción, un tacto
que sólo encuentra aire.

El aliso del verano protege el juego.
Cromos de niños en la sombra, agua
azul que enrosca en tus pies la vida.

Instante de gozo para marchar
de dentro, de todas las canciones
tú y yo.

Hablaré contigo cuando no estés
—le dice la mariposa a un hombre—.
No vayan a rozar mis antenas
tus manos, yo duro poco, casi
un sueño tuyo.

Permite que tiemble ante la vida
y sus sorpresas, con el valor
de alejarme de quien la mata.

Hablaré contigo después
una larga historia de amor y silencio,
la melancolía y el valor de aceptar
que el sol te refleje en mis alas.

"... quien no ama, no existe todavía"

subir la escarpada pendiente de los Doce Apóstoles
él critica su manera de recitar poemas
ella escucha sus versos que nadie ha leído y llevan
su sangre dulce, amarga, rabiosa
ahí está todo, en su voz, cuando lee

vagabundos por el valle
aprendiendo poesía, a menudo
ella no llega al fin de la ruta,
además no importa, solo
quiere tumbarse sobre la hierba
mientras él da nombre a las plantas,
a los pájaros, a todo bicho viviente
el águila
alejándose tan alto como un ser de otra vida
infinita, ya casi azul,
como aquella mañana de abril
los hormigueros, fascinantes mundos
se hinchaban hacia fuera y bajo la tierra
como un país en miniatura
de hormigas ciegas
sí que lo son, y su libro
para que aprendiese
que las hormigas *sí* son ciegas

*"respicere, que en la antigüedad significaba "mirar". En
el caso de una relación con otra persona, respetarla es
mirarla tal y como es, sin las distorsiones que hemos se-
ñalado, también sin juicios y sin la intención secreta o
manifiesta de cambiarla."*

palear carbón toda la tarde
la noche carbón azul
como una tumba vagón
carbón azul
y orillas de hierbajos secos en las vías
perros rotos con las patas rotas
las casas bajas
frías pero el vino caliente
cada tarde palear y decirse las vocales mudas
con el silbido del tren en el guardabarreras
en la caseta baja donde un rosal
en mayo flores pequeñas blancas
por la enredadera a recibir el tren el beso
y mancharse el vestido
oscuro vino de los peones
palear
decirse la vida y los muertos
incluso en diciembre
el tren cada tarde el carbón azul
mi padre

enemigo del hombre, escribió Yeats

viento del norte, frío
empuja la vida para que recuerde
de dónde venimos

cuando se construía un mundo sobre otro mundo
lo vi en las fotografías, la sucesión
de los siglos en la memoria, con murallas,
sin murallas,
con huertas y campos ya secos
por los que corríamos con quince años
hacia un autobús que se nos escapaba

aún no hemos parado de correr
ruedas y vehículos nos gobiernan
invisibles, metafóricas,
chips en autopistas virtuales, un mundo
de máquinas para deshacer nuestras realidades
los mundos anteriores

algún día
ningún viento del norte nos agitará

¿adónde va ese *toolmaking animal*
—sin olvidar a Franklin—
ese animal que confecciona herramientas?

el sabor del aceite crudo sobre los bertones
el olor y el rostro que dice
qué pena... pobre... solo come bertones niña
con coletas y hepatitis, nada le duele

un mundo se construía sobre otro mundo
y no es mucho lo que anoté ayer en el cuaderno:

"También el agua tiene a veces estructura
de acero. La mujer verde se moja el pie y sangra".

He aquí que todo es ruido en esta vida, y pocas nueces: raro es que estén buenas y raro que se encuentre siquiera almendra bajo la cáscara. Schopenhauer decía que deberíamos enseñar a los jóvenes muy temprano la hipocresía de las apariencias que domina el mundo.

En invierno los juncos se hielan en la orilla del río
y una neblina opaca se posa
sobre las aguas que tiemblan dormidas.

Hay un punto rojo
—no en el pico de un pájaro—
—no en la llave que pende en la puerta—.

Sientes la sangre y es invierno.
Cruzas la cruz de las catedrales
y el aullido del tiempo ya no te delata.

Son los mismos nombres,
bebiendo el mismo magma,
bebiendo a la vida la sangre del deseo.

Rezo a la lejanía de tus fuerzas de nieve,
a la llama incesante que cumpliste leal,
juventud de los perros y las manos veloces
sobre el piano incierto y un destino incierto.

Ahora son los mismos nombres,
el mismo magma,
el mismo deseo.
Pero te retiras como una lumbre antigua
que se apaga,
y aún escribes poemas,
y aún escuchas palabras en el viento,
y aún te parece la vida
un paseo por el amor y la muerte,
muchacho que fuiste
tan altivo y guerrero.

Ella canta con su pelo rojo.
Él la sigue con su trompeta.

Miles Davis en el escenario
con toda la fuerza de la noche.

Grave el sonido
de la trompeta que me habla de ti
cada vez que la escucho, *time after time*,
nos lleva cogidos lentamente por Madrid,
y nos cierra los ojos en la madrugada,
ya sin frío en la cama deshecha
ni en la plaza redonda donde la hoguera
avisó de que el amor se marcharía
y ella hacia el norte,
y él hacia el sur.
Lo sabían Miles
                    y Cindy Lauper.

Llora cuando los árboles
se convierten en pavesas.
Olas de calor y un sol rojo.
                        Humo.

Rompe diarios.
Tiempo tras tiempo, agua tras viento.

"Él cuidaba de mí"–dicen en *Loving.*

Mira el radar del móvil.
Lluvia a las seis. ¿Irá? ¿No irá?
Lo inestable
en el cielo, dentro
de todos.

Roto el lavavajillas, ella
retira los platos y los lava.
Mira
al cielo, ¿irá por arándanos?

Pela las horas del verano.
Palabras de incendios,
ríos,
baños entre risas.
                        Juego.

Enemigos no hay.
Los ausentes.
Tiempo tras tiempo, agua tras viento.
Arándanos hay. El verano
sin hombres.

Y cuando vengan los osos
estarás tierna y amable; ya los años
te habrán dorado como al salmón.

Y será fácil saciar esa hambre.

Será fácil abrir la miel y cosechar
lo que el hombre a menudo desaprovecha.

Cuando vengan los osos estarás tierna,
callada en la espesura del bosque,
atenta al olor de la tierra y a los cauces del agua.

Limpia entre sus pieles,
un alimento completo, lleno, saciado,
dormida en el regazo de las hojas. Dentro.

Siempre estoy como echado en el musgo más húmedo,
como calladamente preguntando a la tierra
BRONWYN. Juan Eduardo Cirlot

En la modesta casa
colgó manzanas la niña.

¿Qué sabía de la noche?
Sabía el frío, el cansancio, el monstruo
que apagaba la vela.
El asombro en la boca de la mañana
de un espíritu de musgo.

Amaba los bosques que crecían en su piel,
todos los colores del hielo,
la nieve.

Ella era del mundo
como un pájaro más en la modesta casa.
Asombro.
Espíritu de musgo.
Boca de niña.
Gozo.

Aún cuelga manzanas de su corazón,
árbol siempre verde que espera la luz,
el abeto, el haz de espigas,
el ángel.

Sólo has de cuidar la vida.
Y ella siempre volverá.

Encima de mí el búho blanco
sobrevuela en la anochecida
delante de la cabaña.

Se posa en la madera de la cerca.

El día fue caluroso.
El mar empujaba los guijarros
de la playa sin arena.

Llega la paz y el sueño.

Entro a dormir y siento
que se posa en el tejado.
Encima de mí, vigila.

Entro a dormir y tú estás
enredado en tu calor.

El búho blanco.
Yo no duermo.
Él vigila.

Se aprende a estar sin la necesidad de quedarse.
Ursula K. Le Guin

57

Extrañamientos

Amar lo que la lluvia y el sol han ido gastando, invierno tras invierno, en la madera gris y envejecida del portón. Las mañanas de aquí para allá con mercancías que hay que entregar a tiempo, cachivaches azules cubiertos de barro, ruedas sobre las pozas, zapatos que crecen con prisas y dentro, amar esos pies fríos, con grietas, mordidos por la lluvia y tan cansados, que siempre llegan tarde. Su viaje continuo es como una enfermedad. Luego, descalzos andamos la noche aunque a veces tropezamos con las puertas, por ir a oscuras, gastando inviernos.

Ese viento trae paz y lluvia. Caminas sobre las piedras y el mar te alcanza con la violencia de un planeta cansado de girar –como tú, cansado de ir a ninguna parte–. Entonces duermes sobre la arena y despiertas inexacta arrojando piedras y despedidas. Un pájaro marrón te está llamando. No lo conoces.

Se quedaron atrás.
No tosen.
No levantan la voz.
No se doblan.
Son fantasmas, cada noche.
Suben al día en una barca solar.

Aquí no hay mesa puesta
ni siquiera en Navidad.
Reñís unos con otros
y la culpa no la tiene el viento.
Cuánto tiempo perdido en los desafectos.

Yo miro el charco.
Informo que ella
está pisando caracoles niños.
Y su padre cree en el error.
Y su madre dice que ella es el error.
En presente escribes:

Eucaliptos de aire mueven las voces.
El mar ya no es su casa.
Han llegado al valle y ahora
rompen las piedras,
secan el musgo.

No me atrevo a regalarte un sueño así.
Toda la tierra hoyada
por ratones y jabalíes y tú
tapando los agujeros.
No sé
si sabes
cómo hacerlo
abrazarlo
en lo profundo,
cuando la noche
abre los labios.

No sé
si sabes
tapar el agujero hoyado.
Bajo mis pies, los animales
me muerden
cuando tú.

Y ahora,
mis manos limpian tu corazón como si fuera un cristal sucio.

La carretera sube por el lado norte.
Las ruedas patinan en el musgo.
Hundida en el asiento,
callas
las metáforas del sueño,
los ojos de los líquenes.

Hay un hombre que nunca sale
de su habitación,
si no es con su espíritu.

Hoy sabes que va contigo.

Juegas al ajedrez con nuestras ruinas.
Haces tablas.

Juegas al ajedrez.
Nadie enroca.
Juegas.

Pero entre tú y yo,
leche de gato.

Doble dolor traer al mundo
la vida, más pensamientos sobre la vida.
Sopla sobre mi frente
monedas de ceniza,
cantos de mudez
para que no te quiera
y puedas seguir atando la lluvia al sol,
la lluvia
al sol.

Todo fuego es límite
de lo que arde.

Entramos en lo oscuro. Piso charcos de barro, caracoles
que cruzan la célula abierta de la noche. Hazme un hueco
en tus brazos. Deja que el bosque llame amor a casi nada,
lo prometo:
no diré amor,
no diré el nombre del mundo.

Grito de oca que pisa el barro, los charcos, las hojas que
come la muerte y tú susurras cuando entras en mí:
sobre el cristal,
hay gotas de tu luz.

El llanto de un niño es la pereza del amanecer en la ca-
baña donde crujen los árboles transformados que nos cu-
bren. Al sur, muy al sur de los océanos te recuerdo:
tú ibas siempre al borde del abismo.

Bebes de una rosa blanca
mientras sudan las horas
y crecen pájaros de arcilla sobre tu cama.

No habrá patada de elefante, nadie se irá.
Tú, tampoco.
Ardua labor es la indiferencia.

Hacer la nieve
sobre la raíz
después del fuego.

Moscas
para esquivar la muerte
por un día
en los cristales.

¿Con qué alas alcanzaré el invierno?

Sin vosotros
esta casa
no es un lugar seguro.

Credos
del miedo enseñado.
Niños
perseguidos.
Trampas en la sombra.

Entraré en sus sueños.
Soplaré en sus lenguas.
Desataré las trampas.

En la orilla pervive lo salvaje,
frente a esas naves industriales
que hoy no veo.
Niebla.
Cuatro cuervos graznan,
y el hombre sin trabajo
es una sombra más.

No ordeno mis días.
Suceden.
Y la mañana es un ciervo
de ojos enormes
que huye cuando llega la tarde.

Algunas noches
son un nido de plumas
calientes y atrevidas
que duermen
unidas por música de musgo.

Este es un ejercicio
para la flor seca y olvidada
que se guarece del invierno en una sílaba.

Donde circula el aire
solo hay fragmentos.
Yo misma un corazón,
dos pulmones, dos manos, una nariz...
sólo fragmentos.

De arquitecturas
nada sé.
De coordenadas,
lo suficiente para no salir
del mapa de un trébol.

Cuatro esquinitas
en una mancha de amapola.

Esa mujer no vive aquí.
Baja a recoger leña cerca del río,
entre los chopos. Ella cree
que solo existe ese fuego de leña.

Yo la vi, delgada, casi anciana y débil,
y no era yo.
Era una mujer que no vive aquí,
que vive cerca del río.

El centro del aire es verde.
La vida,
azul asombro.
Algunos muertos respiran
verdes cementerios de palabras.
Brincan las sílabas negras
en el baile del mensaje.
Zapatitos rojos.
Siempre un mensaje
y una incertidumbre.

No sé si es sano escuchar
esas voces,
cuando la mañana
aún no trepa por las paredes,
y la oscuridad
y el desvelo,
rozan las fotografías.

Lo cierto es que hay voces.
Un perro ronca.
Piensas en los pozos donde ahogaron
a tu perro ciego.

No sé si es sano escuchar
esas voces.
Por si acaso,
haré café y hablaré yo.

La conozco desde que tenía
uso de razón
y me robaba los juguetes
para hacer cosas útiles.
Sé lo que dirá
dentro de un mes;
lo que diría ahora mismo
si viera este juguete
nuevo;
lo que haría con él.
Pero el perro
es un instrumento que solo emite sonidos
según cómo lo toques.

Tú podrías ser
la mariposa
que aleja al ciervo
del ruido
que mata.

Podrías ser
un limpio de corazón,
un ruiseñor
para la melancolía del ciervo.

Esta boca
baila en el agua
–lengua sierva de Dios–
con otra boca
que también baila en el agua.

Los mirlos
se lo comen todo.
Son el invierno.

¿Para qué sirve
decir esto?

Ahí sigues,
y el sillón,
la ventana,
el aguacate lánguido
de la pereza,
la edad del frío,
la tristeza
pura,
el cristal
fingiendo la nieve,
la chimenea,
los mirlos
que se lo comen
todo.

El perro
en la alfombra de sol
es sabio.
Invierno.
Se hiela la luz.

El perro,
todavía,
vivo.

Se hiela
la luz,
el árbol del hombre.

No hay nieve.
Hoy no haré
perros de nieve.

Ya no está.
No.
Lo eché al río.
Sólo un palito
seco.
No abraza.
Ya no.
Lo eché al río.
Amor,
palito de amor
muerto,
decido
ya.

Esperas que las ranas tengan rabo,
pero de ese bote no sale nada,
ni polvo ni avispas. Dale
otra patada. Haz
música de bote.
Lánzalo
lejos.

Tuve asombro y horas,
cigüeñas lanzadas a cortar mi cielo,
sepulturas de pájaros,
musgo en el establo,
la escarcha,
el diminuto camino de los caracoles sobre la hierba.
Tuve asombro
y sílabas confusas.

Escojo tu piedra, palacio
de miserias,
laurel del viento tallado
en un amanecer de asombro y ríos
de sangre alborozada.

El espejo no alcanza a reflejar
tus muslos.
Dormido, ensortijado,
te adivino en lumbre,
enhiesta, retorcida.

La ciudad se ensancha, muerde
un pez en tu boca,
párpados dulces que comería,
como un melocotón de carne,
si no fueras mi luz, ventana y puerta,
silencio y agua.

Siempre llueve cuando pones la mesa sobre el
musgo.
Todo lo bebe esta casa sedienta.

Sobre el mantel de musgo
come un ratón
que tiene su escondite bajo el espino.
El espino que aún no ha florecido
y puede helar.

Pero hoy llueve,
igual que ayer,
y tú no lo viste,
perdido en la lejanía de tus propias aguas.

Las nubes no hablaron con ella.
Al paso, en la calle, hubo silencio.
El pozo no habló con ella.
Los gatos no hablaron con ella.

Durante muchos días
nadie habló con ella.
Ella,
llena de barro y hormigas.

Las nubes no hablaron con ella.
En la calle, solo hubo silencio.
El pozo no habló con ella.

Y la campana habló y limpió,
al fin, sus oídos de hormigas
con una oración que hablaba de ella.

Anotar el amor, que es un ratón
en tu mano, oliendo la piel
de lo que ve. En tus brazos descansan
las canas infantiles,
y él se duerme en el hueco
donde tiene su nido
y su plumón.

Me quitaré los ojos esta noche
y los dejaré en tu pecho
dormidos,
animales del tiempo,
huérfanos de la luz,
cansados del viaje continuo
de la escucha.

¿Qué piel de diablo ocultas bajo la ropa?
Huele a miedo y en ella
mueren los ángeles de agua.

Hay escombros de amor imposible,
la huella mutilada de esa mano
que crece, una y otra vez, hacia ti.

En la cama blanca de la noche,
dejó escamas el lagarto invernal
de pecho enfurecido o grito deshabitado,
bajo esa mano invisible,
la que hacia ti,
fosforeaba e iluminaba el sendero.

Como olvidamos
el loro de mi hermana
en aquella jaula de conejo
que le iba tan grande
y se lo comió el gato.

Un sapo huía, con lentitud,
de la tormenta
demasiado grande.
Hojas y viento
y el suelo
como lamido
por un animal gigante.

Y sólo nosotras
contra el viento,
enormes mariposas
con las alas mojadas.

Callar y no sangrar –lenta labor
de los que aman–. Hoja de laurel,
charco de silencio que guarda el frío del mundo.
Escalera de amor y secreto.
Un ladrillo caliente –pecho de invierno y barro–.
Esperar
sueños que laven el veneno, la furia
que el viento lanza contra los hombres y los pájaros.
Callar y no herir
y no sangrar.
Esperar
manos que abran los rincones donde el miedo trabaja.

Como todo lo que sucede pero no se dice.
Tal vez escribir un libro que me despida de la vida.
Crear recuerdos.
Decir adiós y, luego,
respirar sin palabras.

Tiempo es lo que perdimos
cuando aprendimos la palabra tiempo.

Hablar con el pájaro que siempre tiembla.
Hablar con el perro que nunca duerme.
Ensayar la vejez.

Niña vieja,
entra en la calabaza,
niña vieja.
Eres un pájaro,
canta en tus huesos.

En los límites del dolor
escribe la noche sus agujas más blancas.
No saltaste al abismo. Sólo
fuiste hoja que se da cuenta de que se da cuenta.
Una grieta descalza, como un gato
o un caracol seco que muda o grita.

Atravesaste el dolor.
Escribiste aire y se movieron las hojas.
Escribiste ojos y se cegó el sol.
Sin esperar nada
mudaste en la transparencia.

Las respuestas están siempre
en la caja de los zapatos.
Sube al suelo.
Atiende a todo lo que sucede.
No le des de comer a ese holgazán
que vive en la misma caja que tú.

Te cortaron los pies
y aprendiste a saltar de rama en rama, a través del bosque.
Te cortaron las manos
y aprendiste a reptar entre las hojas, a ras del suelo.
Te cortaron la lengua
y aprendiste a hablar en todos los idiomas.

Con la boca del mundo dijiste
las palabras que nunca salieron de la noche.

A diez metros del suelo
–calculas aproximadamente–,
desde un piso más alto,
los vigilas.
Y ellos lo saben.
¿De qué estarán hablando mientras picotean
la ensalada verde
del canalón vecino?

...sin embargo, vas a envejecer en caminos circulares,
vigilado de cerca por los pájaros.

Antonio Gamoneda

Índice

Partir las nubes

Las colinas de agosto

Extrañamientos